Inhalt

Sanierungsmanagement - inwieweit sind Unternehmen noch zu retten?

Kernthesen

Beitrag

Fallbeispiele

Weiterführende Literatur

Impressum

Sanierungsmanagement - inwieweit sind Unternehmen noch zu retten?

M.Sydow

Kernthesen

- Seit zwei Jahren ist in Deutschland ein alarmierender Anstieg von Unternehmensinsolvenzen (vor allem von KMUs) zu verzeichnen. (2), (3), (10)
- Mangels adäquater Frühwarnsysteme geraten Unternehmen oftmals in eine Krisensituation. (1)
- Dabei können in Insolvenz geratene Unternehmen durch rechtzeitiges operatives wie auch strategisches

Sanierungsmanagement einen Konkurs abwenden. (2)

Beitrag

Der Begriff Sanierung steht für das Wiederherstellen einer nachhaltigen Ertragskraft eines in einer Krise befindlichen Unternehmens. Eine Krise deutet sich durch die Tatsache an, dass vordefinierte Leistungsziele eines Unternehmens möglicherweise nicht mehr erreicht werden können und daher das Unternehmen droht, insolvent zu werden. Um diese Bedrohung abzuwenden, werden im Rahmen eines Sanierungsmanagements Gegenmaßnahmen ermittelt und umgesetzt. Hierbei spielt vor allem der Einsatz von Führungskräften eine wichtige Rolle, da diese den Grad der Krise einschätzen und die notwendigen Maßnahmen umsetzen müssen. (3)

Ursachen und Indikatoren für Unternehmenskrisen

Für misswirtschaftliche Entwicklungen eines Unternehmens können eine Reihe von Gründen angeführt werden. Dabei sind Ursachen in Fehlentwicklungen zu suchen, die oftmals zeitlich weit zurück liegen. Hinzu kommt, dass eine anstehende Krise meist zu spät erkannt oder bis zuletzt bewusst verdrängt wird. Dabei gibt es hinreichende Symptome, die darauf hinweisen, dass ein Unternehmen sich in einer Misslage befindet. (3)

Eine weithin bekannte Ursache für das Abgleiten in eine Krisensituation wird im Versagen der Managementführung gesehen. Dabei müssen jedoch auch Gründe berücksichtigt werden, die sich dem Einfluss des Managements entziehen. Diese liegen vor allem in nicht beeinflussbaren Veränderungen des Marktes, wie etwa neuen Konkurrenzsituationen durch Fusionen. Dennoch muss gerade das Management diese Entwicklungen erkennen, um rechtzeitig entgegensteuern zu können. Die Möglichkeit hierzu hat das Management nicht zuletzt wegen einer umfassenden Kenntnis der Unternehmenssituation insbesondere durch den Zugriff auf unternehmensinterne Informationssysteme. (1), (4), (10)

Symptome für eine entstehende Unternehmenskrise liegen beispielsweise dann vor, wenn sich die Personalfluktuation maßgeblich erhöht oder Zahlungsstockungen vermehrt auftreten. Unterschieden werden diese so genannten Frühindikatoren in externe und interne Symptome. Als externe Indikatoren gelten beispielsweise

Konjunktur- oder Branchendaten, politische Veränderungen der Fiskal- oder Tarifpolitik sowie technologische Veränderungen wie beispielsweise Patentanmeldungen. Zu den internen Indikatoren zählen zum Beispiel absatzwirtschaftliche, personalwirtschaftliche oder finanzwirtschaftliche Kennzahlen. (2), (3)

Sanierungsmöglichkeiten mittels der neuen Insolvenzordnung

Eine Unternehmenskrise drückt sich vor allem durch Illiquidität oder Verschuldung aus. Daraus resultiert ein Verlust an Glaubwürdigkeit bei Kreditgebern. Das Unternehmen muss sich also in der Regel vom Markt verabschieden, falls der Fall einer Insolvenz eintritt. Die seit Januar 1999 in Deutschland gültige und zuletzt im Dezember 2001 geänderte neue Insolvenzordnung ermöglicht es nun, beispielsweise im Falle der Zahlungsunfähigkeit, einen Insolvenzantrag beim Amtsgericht zu stellen. Mittels dieser Neuregelung sind so rechtzeitige Schritte möglich, um betroffene Unternehmen durch Sanierung zu retten. Zuvor sollte jedoch beurteilt werden, inwieweit sich ein Unternehmen bereits in einem kritischen Stadium befindet. Nachfolgend wird eine grobe Einschätzungsmöglichkeit aufgezeigt. (1),

(2), (9)

Turnaround versus Sanierung

Der Begriff des Turnarounds zu deutsch Restrukturierung beschreibt die Sanierung eines Unternehmens im weiteren Sinne. Das heißt, dass hierbei personelle wie finanzielle Ressourcen noch vorhanden sind, so dass das Unternehmen noch handlungsfähig ist und notwendige Korrekturen herbeiführen kann. Im Gegensatz dazu verfügt ein sanierungsbedürftiges Unternehmen im engeren Sinne nicht mehr über die erwähnten Ressourcen. Dies führt unter anderem zum Verlust an Vertrauen gegenüber Lieferanten oder Kreditgebern, wodurch eine Unternehmenskrise noch zusätzlich verschärft wird. (4)

Nachfolgend werden Schritte des Sanierungsprozesses beschrieben. Dabei werden die einzelnen Phasen der Krisenwahrnehmung sowie der Ermittlung von Sanierungszielen dargestellt. Hierzu werden mögliche strategische sowie operative Sanierungsmanagementansätze aufgezeigt. Diese werden durch beispielhafte Maßnahmen, die zur Rettung eines Unternehmens eingesetzt werden können, erläutert.

Phasen des Sanierungsprozesses

Der Sanierungsprozess beschreibt verschiedene Phasen des Versuchs, verloren gegangene Ertragskraft eines krisenbefallenen Unternehmens wieder zu erlangen. Dabei müssen die einzelnen Phasen von Führungskräften besonders sorgfältig umgesetzt werden.

Wahrnehmung latenter Krisensituationen

In dieser Phase gilt das Unternehmen bereits als angeschlagen. Mittels korrigierender strategischer Maßnahmen kann das Unternehmen jedoch vor einer drohenden Existenzgefährdung bewahrt werden. Krisensymptome sind hierbei weitgehend verdeckt, so dass eine Einschätzung der Situation von der Wahrnehmung des betroffenen Unternehmens abhängt. (3)

Maßnahmen zur Bewältigung dieser Phase können sowohl defensiv (Marktsegmentbereinigung oder Kostensenkung) als auch offensiv (Erschließung neuer Märkte) erfolgen. (2)

Akute Phase: Liquidation versus Sanierung

Innerhalb dieser Phase gilt das Unternehmen als schwer angeschlagen. Eine Restrukturierung respektive ein Turnaround ist in dieser Phase nur noch bedingt wirksam. Daher steht innerhalb dieser Phase eine Entscheidung über eine Liquidation oder Sanierung des Unternehmens an. Wird die Sanierungsfähigkeit angenommen, sollte ein operatives Sanierungsmanagement angesetzt werden, welches vor allem kurzfristig Illiquiditätsprobleme des Unternehmens abwenden soll. Damit wird eine Atempause für eine weitergehende Planung von Sanierungsmaßnahmen und -strategien geschaffen. (1), (2), (3)

Operative Sofortmaßnahmen des Sanierungsmanagements

Unter Annahme der Sanierungsfähigkeit wird das besagte Unternehmen nicht liquidiert. An diese Entscheidung schließen sich Sofortmaßnahmen eines operativen Sanierungsmanagements an. Hierunter werden vor allem Handlungen subsumiert, welche zum einen die Liquidität sichern und zum anderen eine Ergebnisverbesserung herbeiführen. Zur Verbesserung der Liquidität werden beispielsweise folgende Schritte umgesetzt: die Zufuhr von Eigenkapital, Gesellschafterdarlehen, staatliche Alimentierung, sale and leaseback Finanzierung oder Factoring. Daneben sind zur Ergebnisverbesserung Maßnahmen wie die Auflösung von Kapitalüberbewertungen, Kostensenkungsprogramme oder kurzfristige Umsatzsteigerungen sinnvoll. (1), (2)

Die angeführten Sanierungsmaßnahmen sollten zwingend von allen Beteiligten unterstützt werden. Das heißt, sowohl Führungskräfte, Betriebsrat, Belegschaft als auch die Gläubiger sollten kooperativ zusammenwirken, um das Gelingen des Sanierungsprozesses zu ermöglichen. (1), (2)

Postkritische Phase: Neuausrichtung des sanierten Unternehmens

Stellen sich die eingesetzten Maßnahmen während der akuten Phase als erfolgreich heraus, gilt das

Unternehmen als saniert. Allerdings sollte nach Abschluss der operativen Sanierungsmaßnahmen das langfristige Unternehmensgleichgewicht mit Hilfe eines strategischen Sanierungsmanagements sichergestellt werden. Hierbei sollten verschiedenartige Analysen wie beispielsweise eine Markt- oder Konkurrenzanalyse innerhalb der postkritischen Phase durchgeführt werden. (1)

Fallbeispiele

In die Krise geratene Unternehmen benötigen Unterstützung durch externe Berater oder auch durch so genannte Sanierungsmanager. Als ein erfolgreicher Sanierungsmanager gilt Draxler, Vorstandssprecher des Feuerfestkonzerns RHI AG. Das Unternehmen ist durch Managementfehler sowie enorme Schulden in die Krise geraten. Draxler hat durch konsequente Konsolidierung und hartes Sanierungsmanagement das Unternehmen wieder handlungsfähig gemacht und dabei vor allem das Vertrauen der Gläubiger gestärkt. (5)

Das in die Insolvenz geratene Unternehmen Kögel Fahrzeugwerke AG versucht durch den Einsatz eines

Sanierungsmanagers einen drohenden Konkurs abzuwenden. Vor allem eine enorme Teilevielfalt sowie sinkender Export haben das Unternehmen in die Krise geführt. Daher sind Maßnahmen wie eine Reduktion des Sortiments sowie der Verkauf des Spezialtransporter-Herstellers Kamag geplant. (6)

Der italienische Nahrungsmittelkonzern Parmalat steht kurz vor der Aufspaltung. Wegen einer Reihe von Verwerfungen der Geschäftsführung unter anderem wegen gefälschter Bücher sowie einer enormen Verschuldung, ist das Unternehmen in Insolvenz geraten. Sanierungsmanager Enrico Brondi soll nun versuchen, von dem Unternehmen so viel wie möglich zu retten. Brondi entwickelt zusammen mit den Investmentbanken Lazard und Mediobanca ein Sanierungskonzept, welches eine Unternehmensneugründung unter der Beteiligung von Gläubigern vorsieht. (7), (8)

Weiterführende Literatur

(1) Früherkennungssysteme und Sanierungsmanagement bei Unternehmenskrisen
aus Betrieb und Wirtschaft, Heft 2/2004, S. 62-70

(2) Frühwarn- und Sanierungssysteme bei Unternehmenskrisen
aus Arbeit und Arbeitsrecht, Heft 4/2003, S. 8-15

(3) Sanierungsmanagement Die Bewältigung von Unternehmenskrisen durch Unternehmenssanierung
aus zfo Zeitschrift Führung + Organisation 3/2003 vom 01.05.2003 Seite 128

(4) Sanierung in action(1)
aus zfo Zeitschrift Führung + Organisation 3/2003 vom 01.05.2003 Seite 133

(5) Auf Krisenfälle spezialisiert
aus Frankfurter Allgemeine Zeitung, 30.01.2004, Nr. 25, S. 24

(6) Insolvenz des Fahrzeugbauers Kögel trifft Österreich-Werk nicht Ulmer Nutzfahrzeug-Hersteller steckt in der Krise - Österreich-Tochter bleibt auf festen Beinen
aus WirtschaftsBlatt, 29.01.2004, Nr. 2043, S. 118

(7) Innovativ zu billigem Geld
aus Stuttgarter Zeitung, 09.01.2004, S. 14

(8) Parmalat-Sanierer Bondi klopft bei Banken an US-Börseaufsicht erhebt Vorwürfe gegen Tanzi-Sohn Stefano
aus WirtschaftsBlatt, 07.01.2004, Nr. 2027, S. 14

(9) Bedeutung der Eigenverwaltung im Insolvenzverfahren
aus Betrieb und Wirtschaft, Heft 7/2003, S. 283-287

(10) Kreditabwicklung als Profit-Center: Erträge optimieren durch professionelle Verwertung

aus Zeitschrift für das gesamte Kreditwesen Nr. 05
vom 01.03.2004 Seite 264

Impressum

Sanierungsmanagement - inwieweit sind Unternehmen noch zu retten?

Bibliografische Information der deutschen Nationalbibliothek

Die Deutsche Nationalbibliothek verzeichnet diese Publikation in der deutschen Nationalbibliografie; detaillierte bibliografische Daten sind im Internet über http://dnb.d-nb.de abrufbar.

ISBN: 978-3-7379-0159-8

© 2015 GBI-Genios Deutsche Wirtschaftsdatenbank GmbH, Freischützstraße 96, 81927 München, www.genios.de

Alle Rechte vorbehalten. Dieses Werk ist einschließlich aller seiner Teile – z.B. Texte, Tabellen und Grafiken - urheberrechtlich geschützt. Jede Verwertung außerhalb der Grenzen des Urheberrechtsgesetzes bedarf der vorherigen Zustimmung des Verlags. Dies gilt insbesondere auch für auszugsweise Nachdrucke, fotomechanische

Vervielfältigungen (Fotokopie/Mikroskopie), Übersetzungen, Auswertungen durch Datenbanken oder ähnliche Einrichtungen und die Einspeicherung und Verarbeitung in elektronischen Systemen.